JN437940

정학산 시집

행복한 어느 노인

을지출판공사

■ 서문

활활 타고 있는 열정 시인

최 양 희
〈(사) 한내문학 이사장〉

그러니까 지난 1월 20일경 내가 전화를 받고 달려간 곳은 서해종합천막상사(충남 보령 어항)라는 공장이었다. 서해종합천막상사 정학산 대표는 나를 보자마자 어색한 표정으로 자신이 쓴 시(詩) 5편을 내밀었다.

이런 것들도 詩가 될 수 있습니까?

'행복한 어느 노인'이란 시를 탐독하면서 나는 전율을 느꼈다. 이 시는 어디에 내놓아도 손색없는 대표작이라고 평가해 주니 그는 그때부터 온 정열을 태우기 시작하여 수많은 시를 생산하기 시작했다. 그 이후 한 달이 지날 무렵, 나는 또 그의 시를 추려서 월간 〈문예사조〉에 추천하여, 지난 3월에 신인상이라는 영광을 받았던 것이다. 시인의 등단 시에서

자식에게 빚진 마음이 너무 많았는데
칠순 넘은 나이에 이제서야!
조금이라도 갚을 수 있겠노라고……

무슨 좋은 일이 생겼는지
흥얼흥얼 혼자 중얼거리며
꼬부랑 비탈길을 걸어갑니다.

-「행복한 어느 노인」 부분

시 심사평에서 "정학산의 시는 진솔하고 겸허하다. 내용도 없이 빈말로 겸손을 가장한 것이 아니라, 멀고도 깊은 삶의 의미가 담긴 묘비명(墓碑銘) 같은 시로 읽힌다. 시간적으로 길고, 속내가 깊은 마음의 공간에서 오랜 기간 삭히고 우려낸 진국의 언어다.

시를 만들겠다고, 억지를 부린 흔적도 없고, 자기 감정에 도취되어 이미지도 없는 관념적인 추상성에도, 경도되지 않는 진솔한 자기의 목소리가 생생하게 울려온다."

이렇게 정학산 시인은 유명한 평론가의 훌륭한 시 심사를 거치면서 이제 당당한 시인으로 등단했는데, 그의 시 세계를 보면 자신의 삶과 철학 그 자체가 시였던 것이다.

삼베두건 삼베옷 입게 되던 날
네 살배기 아가가 좋은 일이 생긴 것처럼
기뻐하던 그때의 모습 아련히 떠오르는데
그날이 바로 엄마가 세상 뜨던 날
그때부터 불행의 시작이었나 봅니다.

-「어머님께 비는 마음」 부분

위 시를 보면서 나는 느낀 바가 매우 컸다. 그것은 시인의 불행했던 과거를 한눈에 보는 것처럼 가슴이 찡했기 때문이었다. 그러니까 엄마가 세상 뜨는 날부터 불행이 시작됐다는 詩 구절처럼 엄마가 첩이라는 운명부터 출발한 것이 지옥과 천국 사이를 넘나들게 했던 것이다.

그런데 그보다 내가 시인의 시에 덧붙이고 싶은 말은 정학산 시인은 자신의 시상이나 관점에 중심을 두는 것이 아니고, 오로지 자신의 경험과 생활철학에서 얻어진 감각적 이미지를 구체화시킨 기법으로 표현한다는 점이다. 그래서 장시(長詩)가 많은 것이 특징이지만, 그러기에 어느 누가 봐도 금방 시인의 과거와 그 인생관이 한눈에 뜰 거라고 생각한다.

하늘에 계신 어머님께 용서 빌면서
〈신념 365일〉 마지막 정성을 쏟아
마침내 때가 되어 분출하는 불처럼
하늘 높이 용솟음치는 시를 쓰리오.

-「활화산처럼」 부분

위 詩를 보면 자신을 활화산이라는 비유로 형상화시켰다. 長詩를 상략(上略)하고 끝 부분만 소개했지만 하여간 그의 신념과 온 정성을 쏟아서, 마침내 때가 되어 분출하는 불처럼, 하늘 높이 용솟음치는 시를 써서, 어머님께 바치겠다는 시인의 철학은 〈신념 365일〉 바로 이거였다. 꾸밈없이 진솔한 문맥을 이어 가는 것이 특징이었다.

내가 17~18세 되던 어느 여름
강원도 묵호항 어촌 포구에
명주군내 수영대회 있어
친구들과 함께 수영대회에 출전
1,000m 1등, 400m 1등, 100m 1등
3관왕 메달 달고 기뻐하던 여름이 지나

-「경솔했던 어린 시절 (1)」 부분

위 시는 「경솔했던 어린 시절 (1)」 부분이며 (1), (2), (3) 모두 긴 長詩로 서술했다. 시인은 그 경솔했던 그 어린 시절을 표현하기 위한 소재를 통하여 폭 넓게 직설적인 자기의 정서를 정립시켰다. 그러니까 독자들은 시를 보면서 시인의 일생을 이내 알 수 있을 것이다.

서울에서 이리저리 떠도는 신세
또 바둑알 잘못 둔 것 후회하며
이번에는 대전으로 떠났다가
다시 제주도까지 건너뛰다가

또다시 뉘우치고 후회하면서
동에 번쩍! 서에 번쩍! 남에 번쩍!
어린소년 바둑놀이에 지쳐 있네

-「바둑놀이 (3)」 부분

위 '바둑놀이' 일부만 소개하면서 내가 하고 싶은 말은, 앞에서 언급했듯이 이미 4살 때부터 그의 운명은 불행의 사슬에 묶여 헤어나지 못하고 험한 인생을 살아왔는데 그 인생놀이를 바둑판에 비유하면서 바둑알 잘못 두면 접었다가 다시 두고, 또다시 동에 번쩍, 서에 번쩍, 서울, 부산, 대전, 제주도까지 방황하면서도 〈신념 365일〉로 다시 도전을 했던 것이다.

그러한 추상적 언어를 통하여 구체적 비유와 현대감각을 구축하면서 또 하나의 좋은 장시를 생산해 냈던 점이 정말 장하다고 본다.

이렇듯 정학산 시인은 그 어떠한 위인들보다 더 큰 고비를 넘고 넘으면서 지금은 안정된 사업가로 자리 잡았고, 노년에 와서야 뒤늦게 시인의 길로 들어섰다.

> 자르릑~ 자르릑~ 내 기계 소리/ 수많은 세월을 함께했던 공장에서/ 내가 가장 기뻐해야 할 현실 앞에/ 배고파 울부짖는 늑대 울음소리 마냥/ 날마다 반복되는 기계 소리가 싫었는데// 이제야 꿈에 그리던 시인(詩人) 되고 나니/ 지금의 내 공장 분위기가 새로워지고/ 내 기계 소리가 좋은 작시(作詩)가 되어/ 아름다운 곡조에 리듬으로 속닥거리니/ 나날이 홍겹게 들리는 음반소리로 바뀌었네.
>
> -「기계 소리」 전문

이 얼마나 다행스러운 일인가? 그의 시를 탐독해 보면, 정학산 시인은 이제 그의 인생관이 바뀌지고, 그의 〈신념 365일〉이란 투지력과 열정이 그를 성공으로 이끌었다.

그것을 다음 시에서도 아낌없이 보여 줬다.

고생 끝에 풍부한 물을 마시며
알차게 여무는 계절을 맞이한
흐뭇한 농부 한 사람이 있는데
황금물결 농부는 바로 내 자신
칠순 노인이 시를 지어 노래하네.

-「평생소원 (2)」 부분

정학산 시인은 몸 안에 엔돌핀이 생기면서 에너지가 넘쳐 난다. 힘들고 고통스러운 과거를, 이제는 글쓰는 현실로 바꿔 놓은 철학자였다. 그러니까 숱한 '악몽'을 꽃 피는 꿈으로 역순시켜 놓은 시인이다. 그의 시처럼 '악몽'이니 '불행했던 어린 시절'이니 '지옥과 천국'이니, '바둑놀이'는 이젠 끝이다.

그 동안의 회오리바람은 이제 동적인 과거의 소재에 불과하다. 이젠 어디를 가나 눈물겹던 과거들이, 현재는 좋은 정서의 바람을 일으키는 시맥으로 이뤄가고 있는 것이다.

2015년 5월 1일

■ 시집을 펴내면서

제 재산목록 제1호는 〈신념 365일〉

저의 마지막 일생을 보람으로 장식하기 위하여
제 생애에 최고의 그윽한 향초를 피우기 위하여
온 세상에 메아리치는 함성의 시문을 펴내기 위하여
저는 조심스럽게 저의 첫 시집을 내놓게 되었습니다.

이 얼마나 초조하고도 망설여지는 일이었던지
그러나 저는 이번에 제 육신과 영혼을 다 바치는
저의 인생에 최고의 결정판이라고 결론 내렸습니다.

제 재산목록 제1호는 "신념 365일"이었기에 가능했고
두 번째는 인내의 "도전 정신"이기에 실천으로 옮겼으며
세 번째는 평생소원 이루는 "시인의 길"이었기 때문입니다.

저의 영혼을 다 바쳐 어렵사리 출간한 시집이니만큼
저 또한 제 시집에 대한 애착이 가지 않을 수 없으며
저의 〈재산목록 3개〉 모두 집중시킬 수 있었습니다.

이러한 최고의 이상을 우리 아들 부부에게 안겨 주며
여기까지 올 수 있도록 함께한 딸아이들과 나의 부인
그리고 나와 인연된 모든 분들께 큰 인사를 올립니다.

2015년 5월 13일

저의 공장 서해천막사에서

정 학 산 배상

Contents

차 례

제 1 부 마음속의 색상들

Contents

Contents

제 4 부 가장 중요한 현실

Contents

제 5 부 귀한 시인

제 6 부 꽃동산 그늘에서

제 1 부

마음속의 색상들

지금은 따뜻한 은빛물결 타고와
향기와 봄기운이 함께 어우러져
나의 가슴속 깊이 스며들었습니다.

■ 신인상 당선 시(월간 문예사조 3월호)

행복한 어느 노인

매섭게 차가운 어느 겨울밤
하얀 나비가 날갯짓한 듯
사뿐사뿐히 눈 내리는 한밤중

칠순 노인이 꼬부랑 비탈길을
뚜벅 뚜벅 뚜벅 절룩거리고
빙긋이 미소 지으며 걸어갑니다.

자식에게 빚진 마음이 너무 많았는데
칠순 넘은 나이에 이제서야!
조금이라도 갚을 수 있겠노라고……

무슨 좋은 일이 생겼는지
흥얼흥얼 혼자 중얼거리며
꼬부랑 비탈길을 걸어갑니다.

- 2015년 1월, 눈 내리는 어느 겨울밤

마음속의 색상들

암흑 속의 어두운 색이 있었고
이글이글 지옥에 타는 빛도 있었고
좌절에 헤매었던 희뿌연 안개색상과
아침에 찬란한 무지개 색도 있었는데

그러한 역경 속에 잠재하고 있던
가지각색들이 조화를 이뤄 내며
잔잔히 비춰질 줄 상상도 못했던 일

지금은 따뜻한 은빛물결 타고와
향기와 봄기운이 함께 어우러져
나의 가슴속 깊이 스며들었습니다.

얼마나 될까

저~ 멀고 먼 밤하늘
반짝이는 별들의 숫자는 얼마나 될까

서해바다 해안 언덕
백사장에 깔린 모래알은 얼마나 될까

시원한 대천 해수욕장
이리저리 거니는 인파가 얼마나 될까

지금까지 울고 웃던 인생길
내 가슴속 미움과 사랑은 얼마나 될까……

■ 시 심사평

행복한 삶의 겸허한 목소리

정학산의 시는 진솔하고 겸허하다.

내용도 없이 빈말로 겸손을 가장한 것이 아니라, 멀고도 깊은 삶의 의미가 담긴 묘비명(墓碑銘) 같은 시로 읽힌다. 시간적으로 길고, 속내가 깊은 마음의 공간에서 오랜 기간 삭히고 우려낸 진국의 언어다.

시를 만들겠다고, 억지를 부린 흔적도 없고, 자기감정에 도취되어 이미지도 없는 관념적인 추상성에도, 경도되지 않는 진솔한 자기의 목소리가 생생하게 울려온다.

4연 12행으로 된 「행복한 어느 노인」의 각 연은 독자적인 이미지(의미)를 갖고 병치되어 있으면서, 삶의 행복감이라는 주제(thema)로 귀결되고 있다. 기승전결(起承轉結)의 시적 전개가 아닌, 각각의 연이 독자적인 모습으로 주제에 연결된 형태다.

하얀 나비가 날갯짓한 듯(1연)한 행복한 노인, 비탈길로 절룩거리며 빙긋이 미소 지으며, 걸어가는(2연) 행복한 노인, 자식에게 빚진 마음, 칠순 넘어 갚을 수 있겠노라(3연)는, 행복한 노인, 홍얼홍얼 혼자서 꼬부랑 비탈길을 걸어가는(4연) 행복한 노인으로 읽혀지는 것이다.

정학선 신인의 시는 매끄러운 숙련성(熟練性)보다는 고해성사 같은 진솔성이 돋보여서, 특히 개성적이다.

이 신인은 이와 같은 자신의 장점을 잘 살려나간다면 더 좋은 시인으로 발전할 수 있으리라 믿는다.

당선을 축하하면서, 좋은 시인으로 대성하기 바란다.

(김성열, 최양희)

■ 시 당선 소감

여생을 좋은 글 쓰는 데 바치렵니다

저는 지금 분명 꿈속을 헤매고 있습니다.

그것은 저의 하잘것없는 졸작이 시 부문 신인상 당선이라는 크나큰 영광의 소식을 듣게 되었기 때문입니다.

어디 이게 '복권 당첨' 같은 것에 비할 수 있겠습니까? 정말 저에게는 기적 같은 행운의 그 자체가 일어난 일입니다.

사실 저는 어려운 환경 속에 자라났습니다. 청소년 시절부터 부모님 타향살이 하는 바람에 대학은 못 갔지만, 마음속 깊은 곳에는 글을 쓰는 사람이 됐으면 하는, 그 희망 속에 살아왔습니다. 그러면서 저는 글의 깊이와 뜻도 모르면서 닥치는 대로 시집과 소설을 읽고 또 익혀 가면서 시인의 꿈을 접지 못한 채, 많고 많은 세월을 흘려보냈답니다.

'뜻이 있으면 길이 있다'는 말처럼, 그간 습작하면서 모아 두었던 제 졸작을, (사)한내문학 최양희 이사장님께 보여 드렸는데, 그것이 바로 오늘날의 크나큰 영광으로 이어졌습니다.

이제야 저는 제 인생의 첫 번째 큰 소원이 이루어진 것은 문학을 사랑하시는 최양희 이사장님의 순수한 인간애의 권유로 여기까지 오게 됐으며, 또한 이 기쁨과 영광을 (사)한내문학 선배님들을 비롯한, 친지 여러분들, 그리고 저의 사랑하는 가족들에게도 이 기적의 행운을 함께 나누고 싶습니다.

이제 얼마 남지 않은 황혼의 여생을, 지성을 갖춘 선배님들한테 배우고 따르면서, 좋은 글을 쓰도록 최선을 다 할까 합니다.

저의 졸작을 어여삐 봐주신 문예사조 관계자 선생님들께도 감사한 마음 전하며, 건강과 행운을 빌겠습니다.

2015년 3월

■ 월간 문예사조 4월호 등재

감격 속에서

우아! 우아!
온 몸속 깊이 전율이 전해 옵니다

나를 감탄케 하는 전문가에서
어느 노인의 한 맺힌 한평생을
파아란 하늘 속으로 빨려 들게 만들었습니다

많고 많은 소원 속에
한평생 글 한번 쓰고 싶었던
첫 번째 소원이 이뤄지는 날
바로 이게 진정한 행복인가 봅니다

우아! 우아!
행복하다 못해 탄성이 터져 나오는
나의 가슴속에 용솟음쳐 옵니다.

보잘것없기에 우물쭈물 망설이다
전문가 시인에게 글 한 편 선보였는데
그것이 이렇게 감동일 줄 몰랐습니다

이 노인의 가슴속에 우아! 우아!
용틀임하는 행운의 여신 앞에서
너무 행복한 칠순 노인이 울었는데
이것이 진정한 환희의 눈물인가 봅니다.

초등생이 약속한 시인의 길

앞 마당가 조그마한 화단가에
예쁜 꽃들이 살살 봉오리 맺힐 무렵
우리 동네서 10리가 넘는 '판대굴' 지나
용화산 중턱에 자리 잡은 '통영중학교'

책 보따리 등짐 만들고 학생모자 쓴
초보 중학생 꼬맹이 단짝 친구는 3명
서로 손잡고 환하게 밝은 웃음 지면서
지각할까 봐 산중턱까지 획획 달려 다녔지

책 보따리 풀자마자 담임선생님은
누구, 누구, 너, 너! 호명하고 고함치며
월세금 밀렸으니 당장 집에 돌아가
빨리 빨리 가지고 와서 수업 하라고!
우리들 단짝 친구 3명도 쫓겨 나왔지

그리하여 우리들은 집에 가지 않고
경치 좋다고 소문난 동양의 나폴리
우리 집 마당가 평상에 걸터앉아서
여객선 쳐다보며 주고받던 이야기 중

해주야! 너는 커서, 뭐를 할래?
- 나는, 판검사(判檢事) 될 꺼다!
갑청아! 너는 커서, 뭐 할 꺼고?
- 나는, 의사(醫師) 될 꺼다!
그러면, 너는 뭐를, 할 건데?
- 나는, 시인(詩人) 되겠다! 고 말했는데

그러한 꿈과 희망과 고향도 잊은 채
방황하면서 살아온 긴 세월 앞에
어릴 때 우리 집 마당에서 주고받던 말처럼
단짝 친구 한 명은 판검사(判檢事) 되고
또 한 명은 의사(醫師) 됐다는 소식 들었지만
지금까지도 이 못난 나는 이룬 게 없었지

꼬맹이 중학생 3명 중 1명인 나 자신은
굽이굽이 한 많은 인생길 헤쳐 나가다
이제야 시인(詩人)으로 입문(入門)하면서
그래! 나도 이제 자칭 군자(自稱君子)로서

대기만성(大器晚成)이라! 자랑할 수 있으며
그때의 약속 이제야 지켰다는 자부심에
이렇게 환하게 웃음 지을 수 있습니다.

글 중독

자연 속의 산과 들판에는
온갖 동식물들이 어우러져
이리저리 다 함께 생존하는데

잘못 먹으면 식중독이 된다든가
아니면 지상에서 영원히 사라지는
그런 독버섯은 지금에도 여기저기

마약중독 도박중독 알코올중독
각종 나쁜 버릇과 악의 뿌리 끊지 못하면
폐인 된다는 것은 누구나 다 아는 사실

그런데 나도 어느 날부터인가
야릇한 창작에의 상사병에 시름하며
글 쓰는 중독으로 밤새는 줄 모른다네.

= 2015년 1월 29일 전문가 시인을 만나면서 =

■ 월간 문예사조 5월호 〈이달의 시인〉 등재 시

지금이 더 행복합니다

꽃처럼 곱고 아름다운
마음씨 고운 여인 찾으러
이리저리 헤매던 그 시절보다

남보다 잘살기 위하여
성공하겠다는 생각 가지고
열심히 살았던 그때보다

지금은 글만 찾아 헤매는 마음
어디 한번 무엇에 견줘 본다면
가슴이 부푼 지금이 더 행복합니다.

어머니께 바칠 선물

어린 아들 하나 남겨 두고
훌쩍 하늘로 떠나신 어머님
자식이 보석보다도 더 귀한
더 좋은 선물을 마련합니다.

칠십여 년 머나먼 천국에서
외롭게 홀로 사시는 어머니
너무도 보고 싶고 한스러워
불효자가 귀한 선물 준비합니다.

어머니의 깊은 상처 아물게 할
내 가슴속 진정한 시를 지어서
어머니의 영전 앞에 바치렵니다.

= 어머님께 바칠 시집을 출간하기에 앞서 =

동그라미

긴 세월을 이리저리
그토록 잡고 싶었던
동그라미를 발견하여
살그머니 잡아 봤더니
어느새 그 동그라미는
미꾸라지처럼 빠져나갔지

이번에도 놓칠까 봐
마음 가다듬고 신중하게
재빨리 움켜 잡았는데
이게 정말 웬일인지
기름칠한 그 미꾸라지가
재빨리도 빠져나갔지.

* 동그라미 : 동전(돈)

지상천국

이 세상에 사람으로 태어난 날부터
엄마의 한쪽 손에 행복 안겨 드리고
엄마의 한쪽 손에 고통 안겨 드렸지

그러면서 돈만 벌면 성공할 수 있고
행복한 세상에서 뭐든지 할 수 있다는
그 어리석은 생각으로 돈을 쫓아다녔지

그러나 숨바꼭질하듯 도망다니던 돈
멍청하게 헛고생만 계속하다 포기하고
후회하며 생각 바꾸고 글 쓰기로 결심했지

그러던 어느 날 기적처럼 찾아온 대역전
글 쓰는 일이야말로 진정한 지상천국
이 기쁨이야말로 내가 찾았던 행복의 길……

세월의 물길

무엇이 그렇게도 그리웠던지
세월은 쓸쓸한 겨울 물처럼
가슴속 깊은 곳에 스며들면서

얕은 곳, 깊은 곳, 두루두루
흐르고 흐르며 또 흐르다 보니
이 가슴에 향수로 변한 옛 추억들

애수에 젖었던 눈동자 속에서
이제는 맑고 잔잔한 봄물이 되어
꽃향기를 살짝 품고 흘러갑니다.

■ 월간 문예사조 6월호 등재 시

어머님께 비는 마음

삼베두건 삼베옷 입게 되던 날
네 살배기 아가가 좋은 일이 생긴 것처럼
기뻐하던 그때의 모습 아련히 떠오르는데
그날이 바로 엄마가 세상 뜨던 날
그때부터 불행의 시작이었나 봅니다.

아가가 점점 자라나는 것처럼
자라면서 엄마 미워하던 마음과
원망하는 마음도 같이 자랐습니다

무슨 일로 아기에게 큰 상처를 입혔는지
크면 클수록 상처는 더욱 커져 갔으며
어른이 되었어도 계속 되었었나 봅니다

이유인 즉 -
엄마가 부잣집 아버지 첩이었다는 것과
어린 애기 버려두고 하늘로 얼른 가셨기에

오오! 이제 나는 노인이 된 후에야
불효자식은 너무 늦게 철이 들면서

어머님께 미안한 마음이 생겼습니다

어릴 적 자신이 자라나던 깃처럼
가슴속에 더욱 빨리 파고들면서
너무 늦게 철이 든 것을 후회합니다

밤하늘에 별을 보며 엄마 부르고
용서 빌고 뉘우치고 고함치면서
어머니! 어머니! 하고 빌어봅니다.

불행했던 어린 소년

동해에서 끓어오르는 용광로 밖으로
광열을 품으며 솟아오른 태양 앞에
오오! 눈부신 행운의 여신이여! 하고
하늘 높이 온 세상을 향하여 외쳐 볼 즈음
어느 소년은 가슴 아픈 일이 생겼습니다.

소년은 보석 같은 마음을 어디에 숨겨 두고
갯마을 산등선 초라한 판잣집 창문을 열며
아아! 바다는 악마의 바다! 마귀의 바다!
저 바다는 오늘도 배 한 척 삼켜 버렸다고!
어부의 가족은 바다를 원망하며 통곡합니다

오오! 악마의 바다! 마귀의 바다여!
슬픈 소년은 이렇게 외쳐 보면서
길고 긴 세월을 눈물로 흘러 다닙니다

이슬처럼 맺힌 눈물의 소년은
끝없는 고독만 있을 줄 알았는데
멀고 먼 세월이 흘러간 이후에
포근한 봄이 올 줄은 몰랐습니다.

큰 나무 덕은 못 보아도
큰 인물의 덕은 입는다는 옛말처럼
소인(小人)에게도 대인(大人)을 만나면서
불행했던 어린 소년의 마음속에
악마처럼 회오리치던 폭풍이 지나가고
이제는 따뜻한 봄이 오니 너무 행복합니다.

어린 시절

너무 어려웠던 시절이 있었습니다
서러워서 이 세상 싫은 적도 있었습니다
괴로움에 흐느끼면서 많은 눈물을 흘렸습니다

어머니가 이 세상에 날 태어나게 한 것을
너무 너무 원망한 적도 많았습니다
슬픈 외기러기 울음소리를 동정하면서
많고 많은 나날을 쓸쓸하게 보냈습니다.

세상을 탓하고 자신을 원망하면서
그럭저럭 세월은 많이 많이 흘렀습니다
회오리치는 태풍도 쓰나미 같은 파도도
세월 앞에는 아마 나약해지나 봅니다

또 세월이 흘렀습니다
점차 점차 잔잔한 지평선 위에
이젠 한 폭의 그림처럼 평온해지기 시작하고
황혼이 깃들 무렵에서야 너무 황홀하게
아름다운 행복 이상의 행운을 맞았습니다.

제 2 부

황홀경에 도달하니

형형색색 생각의 그림 그리며
고운 작시에 멋진 곡을 붙이는
위풍스러운 시인이 되고 싶었지

지난날을 생각하며 (1)
- 재혼이 성립되자마자

넓은 하늘로 흘러 다니는 구름처럼
동서남북 이리저리 방황하다 보니
어느덧 불혹의 나이가 지나칠 즈음
나는 새로운 출발을 하기 위하여
조그만 천막가게를 차려 놓으면서
이젠 이곳에서는 꼭 뿌리내려야지!
비장한 결심으로 사업에 몰두할 무렵
다행히도 나는 재혼이 성사되었다.

인생설계를 또다시 그려 가면서
새로 만난 부인과는 오순도순 잘 살아야지
우린 서로의 약속을 굳게 다짐하면서
다시 출발하는 나의 마음도 새로워졌다.

그런데 예기치 못했던 사건이 벌어졌는데
그것은 내가 지금까지 마셔오던 술을
이젠 꼭 끊겠다던 약속을 어겼기 때문이다.

어느 날 열심히 일하는 중에 기계가 고장 나서
하루 종일 공장 기계를 고치고 고쳐 보았지만

나의 기술로서는 도저히 불가능한 상황이라
전에 내 밑에서 일했던 동생한테 연락했다.

지난날 내가 사업할 때 나를 도와주던
포항에서 일하는 기술자가 있었는데
내 전화를 받고 이곳 대천 어항까지 달려왔는데
그날, 잠시 쉬지도 못하고 밤 11시경에야
정비가 끝났는데 나는 얼마나 미안했던지
식사 대접 하면서 소주 한잔 권하기 시작했는데……

"동생! 나는 재혼한 부인과의 술 끊는 약속 때문에"
"아무리 형님께서 술을 끊었지만, 오랜만인데요?"
"내 입장을 좀 이해해 주게나, 동생!"
"알지요. 허나, 포항에서 이곳까지 형님 뵈러 왔는데요?"
그 바람에 나는 술을 울컥울컥 마시게 되고
한 잔 술이 어느새 술병들이 쌓여 갔는데

"동생! 이제 일어나서 그만 주무시게."
"아뇨! 형님! 이제, 새 형수님을 만나셨는데"
"동생, 고맙기는 하지만……"
"형님! 형수님께 드릴 선물 하나 살게요."

나는 옛날 주인이던 나를 생각해서
이 먼 곳까지 달려와 고생고생 하고도
또 선물까지 사는 그 정을 뿌리치지 못하여
동생과 함께 신혼집으로 돌아오게 됐는데
뭔지 찜찜하고 두려웠지만 어쩔 수 없는 노릇

"여보! 귀한 동생 왔는데, 당신 선물까지 사 왔어!"
"지금이 몇 시인데? 아유! 술 냄새야!"
"형수님! 처음 뵙는데, 이제야 인사드려요."

몸을 비틀거리면서 조그만 선물을 내미는 순간
부인은 그 말에는 대꾸도 하지 않고
눈 꼬리를 치켜들면서 냅다 고함치는데
술 약속, 며칠이나 지났다고! 또 술 처먹어!

나는 기절이나 한 듯 벼락 맞은 사람
옴짝달싹도 못하고 서 있는 모습을 본 동생
걸음아, 날 살려라! 하고 도망치듯이 사라지고
그 뒷모습을 본 나는 어찌나 미안스러웠던지……

그럭저럭 벌써 20여 년이란 세월이 흘렀는데
그런데, 나는 지금도 그 동생을 찾지 못하고

또 아직까지 전화 한 통 못하는 내 입장이었다.

언젠가는 나의 이 애절한 심정을
하나의 책으로 활자화가 된다면
나는 동생을 꼭 만나서 말할 것이다.

그 옛날 그때는 정말 미안했었다고!

- 2015년 1월 22일 밤

기계 소리

자르륵~ 자르륵~ 내 기계 소리
수많은 세월을 함께했던 공장에서
내가 가장 기뻐해야 할 현실 앞에
배고파 울부짖는 늑대 울음소리 마냥
날마다 반복되는 기계 소리가 싫었는데

이제야 꿈에 그리던 시인(詩人) 되고 나니
지금의 내 공장 분위기가 새로워지고
내 기계 소리가 좋은 작시(作詩)가 되어
아름다운 곡조에 리듬으로 속닥거리니
나날이 흥겹게 들리는 음반소리로 바뀌었네.

울보로 살면서

아가 시절엔 틀림없이 울보였겠지요
소년 시절에 많이많이 울고 살았지요
그 이후에도 계속 울고 살아오면서
이젠 그만 울자고 눈물 닦아 봤습니다.

그러나 얼마 안가서 또 울보가 되고
많은 세월 속에 조용히 울고 살다가
이젠 그만 울 줄 알았는데 묘하게도

평생 꿈꾸던 기쁜 일이 생기면서
진정한 행복의 눈물이 또 흐르니
이것도 전생에 타고난 울보인 듯
눈물 많던 내가 지금도 눈물 흘립니다.

= 시인 등단 신인상을 받으며 =

노년의 내 모습

나의 인생 최고였던 그때엔
나의 까만 머리칼 번쩍이던 시절
그때가 바로 내 청춘의 봄이었나

조상님 산소에다 벌초 하듯이
스포츠맨처럼 포즈로 멋도 부리며
번지르르 윤기 나던 나의 머리칼
그때가 바로 내 청년의 여름이었나

솔잎 위에 살짝 앉은 눈처럼
희끗희끗 변해 가던 나의 머리칼
그때가 바로 내 중년의 가을이었나

아름다운 산야에 덮친 설경처럼
하얗게 물들어 버린 나의 머리칼
지금이 바로 내 노년의 겨울이었나.

시상(詩想)

깜박깜박
지난 일들이 깜박깜박

나이 들면서
하는 일들이 모두 깜박깜박

그런데 이게 웬일인지
뒤늦게 횡재를 만나면서

내게도 기적 같은 시상이
깜박깜박 잘도 찾아오다니……

확실한 것

휭휭 불어오는 바람 소리는 들을 수 있어도
바람 그 자체는 잡을 수 없었네

함께 살아온 아내의 모습을 볼 수 있어도
아내의 마음 자체는 알 수가 없었네

그런데 내 몸속에 들어 있는
더군다나 내가 내 마음을 어떻게 알까

그렇지만 확실한 것은 바로
나에게 베푸는 시인의 마음만은 알 수 있네.

황홀경에 도달하니

형형색색 생각의 그림 그리며
고운 작시에 멋진 곡을 붙이는
위풍스러운 시인이 되고 싶었지

이 세상 저 세상 흘러 보내면서
좋은 글 짓는 글방을 찾아
여기저기 기웃기웃 귀동냥 했었지

서당 개 삼 년이면 풍월 읊는다고
이제야 해냈구나! 흐뭇한 마음
예술의 경지 속에 빨려 들어가
황홀경에 도달하니 너무 좋았지.

오색 풍선

둥실둥실 두둥실
이게 어찌된 일인가

바람 따라 이리저리 나부끼는
일과 속에 떠 있는 오색 풍선

내 몸 꼬집고 또 꼬집어 봐도
틀림없이 꿈속 아닌 현실 앞에

이제야 상류사회에 들어가며
내가 내 자리를 찾은 마당에
하루 종일 두둥실 떠 있는 오색 풍선.

노다지 광구

세계인이 부러워하는
블랙골드 노다지 광구
그 누가 횡재를 만날까

아랍국가일까 미국일까
아니면 러시아나 중국일까
아마도 그들 국가들은 비슷하지만
나는 블랙골드를 조그맣게 만드는
나의 특허 기술이 있었다네

아마도 그들에겐
어린애 장난감처럼 보일지라도
나의 행복을 안겨다 주는
현실의 희망이요 꿈이라네

까아만 차광막 나의 기술이
국내에서 제법 이름 날리는
처짐방지 구조를 갖춘
차광막 제조방법이라고 부르면서
노다지 광구라고 살며시 미소 띠우네.

= 서해종합천막상사 나의 공장에서 =

더욱 빛나는 금관

넓고 푸른 동해 바다
터져 나갈 듯 펼쳐 날 듯
아름다운 꽃을 피려고

망상해수욕장 그곳에서
수영대회 100m 400m 1,000m
맵시 좋고 날쌘 돌고래 되어
3관왕 그 영광을 목에 걸었지

그 기쁨은 번개처럼 지나가고
태평양 대서양 북해도까지
동서남북 바다 속을 돌아다녔지

이제는 흰 수염 돌고래 되어
유유히 서해에서 유영하면서
더욱 빛나는 금관을 쓰게 됐지.

= 문학상 우수상을 수상하며 =

국화꽃 향기

겨울, 봄, 그리고 여름
안개 속에 사그리 묻혀 가면서
가을이란 언덕을 넘은 길목에

그윽한 향기 물씬 풍기는
유형선 배를 지어 돛을 달고
조심조심 노 저으며 가고 있는데

하늘의 꽃바람이 내려온 듯
나의 인생길에 살살 불며
국화향기를 살짝 보내 주었네.

가장 중요한 시간

가장 중요한 내 인생 앞에
지금 이 현실을 뒷전에 두고
심오한 창직 속에 빠졌습니다.

환희의 미소에 젖은 이 모습
내 인생 최고의 삶 그 자체
내가 살아 있는 생명입니다

고운 님 가슴까지 울려 퍼지는
잔잔히 메아리치게 시(詩)를 쓰는
지금이 가장 중요한 시간입니다.

소년의 도전 (1)
-첫 번째 인연

이글이글거리며 푹푹 찌는 정오시간
불볕을 받은 아스팔트를 녹여 버릴 듯
온몸에서 온천폭포 뿜어내는 열기와
땀방울을 억제 못해 손등으로 훔치며
어린 학생이 까마득한 산에 보물 찾듯
힐끗힐끗 길가에 펼쳐 놓은 좌판을 보며
무얼 하면 살 수 있을까? 고민하고
아아! 인명은 재천이라! 자위하면서
넋 빠진 사람처럼 육교 길을 걸어갑니다

가다가 첫 번째 아저씨를 만났는데
누렇게 찌든 얼굴에 누추한 차림으로
길모퉁이에 부채를 펼쳐 놓은 것을 보며
저렇게 먹고사는 길도 있었는데……
나도 새로운 용기로 도전해 보자!
전 재산 털어 보니 단돈 8만 원
아아! 이게 말이나 된단 말입니까

그래도 한 번 용기 내어 접근하자
그 아저씨 안타깝게 생각했던지
장사꾼 한 명이라도 더 생기면

자신도 살기 더 어렵게 된다면서
어디에 가서 어떻게 부채 사다가
어떻게 이익을 붙여서 어떻게 팔라고
상세하게 알려 주는 대로 실천합니다.

소년의 도전 (2)
-두 번째 인연

다음 날 부산 골목 부전시장에서
적당히 흥정하여 부채를 떼어다
인파가 많은 〈구포〉 한 모퉁이에
좌판보자기 펼치며 부채를 펴 놓는 순간
험하고 무섭게 생긴 사람이 나타나
누구 맘대로 이곳에서 좌판 펼치느냐고!
펴 놓은 좌판보자기를 길가에 확 뿌리니
바람에 휘날리는 흰 나방처럼
사방으로 이리저리 날아가 버린 부채

아아! 먹고 살아간다는 것이
이렇게도 어려울 줄 몰랐던 소년
너무 기막혀 제대로 숨도 못 쉬고
구멍가게에서 술 한 병 마셔 버리는데
목마른 사막에서 오아시스를 만나듯이
아아! 속이 타 들어가는 순간이 지나자
언제 술 마셨는지 확! 새로운 정신이 나며
아아! 나도 한 번 살아야 되겠구나!
이렇게 좌절하지 말고 잘살아 보자구나!
다시금 용기 내면서 도전합니다.

소년의 도전 (3)
- 세 번째 인연

나방처럼 펼쳐졌던 그곳에 다시 가서
언제 그랬느냐는 듯 깔끔이 자리 펴고
어리둥절 하나하나 부채를 펴 놓는 동안
젊은 여인과 나이 든 여인들이 모여들면서
용기 내어 열심히 살아 보라! 하면서
자기들도 인생 잘못 살아 이렇게 됐다고!

위로하고 동정하는 젊은 여인들
따뜻한 희망의 온정 받으면서
아아! 그래 그것이 맞아!
이제부터 나의 〈신념 365일〉
뜻 깊이 간직하며 열심히 살다 보면
언젠가는 기필코 좋은 날이 오겠지……

제 3 부

영혼의 신기루

가슴에 돋보기로 확인해 보니
그토록 찾았던 오아시스는 바로 내 자신
내 영혼의 신기루는 바로 글 쓰는 시간……

지난날을 생각하면서 (2)
-부인이 집 나간 사건

내 사업장에는 많은 손님들이 찾아와
항시 문전성시, 그 자체로 사업은 번창하면서
나날이 바쁜 일과가 계속되는 그 어느 날
나의 고객인 〈부산선적의 척양 305호〉 대형어선
〈C 앵커〉 선장님이 내 가게를 찾아왔다

사업 도중 여차여차한 애로 사항으로 인하여
작업 도중 물풍사고 때문에 바다 속 통발 안의
많은 영덕게들이 가득가득 들어 있는데도
어장 깊은 바다 그물 속에 방치해 둔 채로
표시 깃발만 꽂아 놓고 그냥 돌아왔다는 것이다.

나는 밤을 새워서라도 작업을 끝내 주겠다며
선장님 사업에 차질 없도록 완성시킬 테니
염려 말라 보내 놓고 그 약속 시간을 지켜 냈다.

그 이후 한 달쯤 지난 어느 날
그 일로 하여 또 하나의 비극이 일어났는데
〈척양 305호〉 그 선장님이 내 가게를 찾아와
함께 온 선원들과 무엇인가를 끙끙거리면서
내 집 앞에 내려놓았는데 그것은 영덕게였다.

지난번에 우리가 부탁한 어려운 그물작업을
밤새워 가며 작업한 그 덕택으로 성공하여
한배 가득 만선의 깃발을 달고 부산 가다가
사장님의 크나큰 호의와 노력에 보답하고자
일부러 좋은 영덕게를 가져왔다는 것이다.

어찌나 고마웠던지 나는 즉시 부인을 불러
잔치 났으니 그릇을 챙겨 오라고 말하자
이웃들이 우르르 10여 명 모여 들었는데

이렇게 크고 좋은 영덕게는 처음 봤다면서
좋아하는 이웃들에게 몇 마리씩 나눠 주다 보니
영덕게가 바닥이 날 무렵 나는 어쩔 수 없이
2마리 남겨 두고는 그분한테 3마리를 담아 줬다

뒤에서 보고만 있던 부인은 화가 치민 듯
모두 다 남들 나눠 주고 우린 겨우 이거뿐이요?
소리치며 휭~ 하고 내빼는데 정말 어이없었다.

당장 집에 가 부인을 이해시킬까 생각하다가
남은 작업을 계속하고 밤 10시경에 퇴근하여

방문을 열자마자 울고불고하는 자식들
"엄마가 나갔어요. 아빠하고는 못 산대요."
"………………?"
큰아들 초등학교 5학년, 그리고 딸아이 둘
어린애들만 쳐다보니 나는 할 말을 잃었다.

그 이후 잊혀지지 않은 처부모님 말씀.
자네는 이웃 생각하는 마음을 알겠다만
사람은 처자식 제일 먼저 챙겨주고 난 후에
남은 것이 있을 때 그때 베푸는 것이라네.

그 말씀을 명심하면서 세상 살아왔지만
그것이 잘 되지 않는 것은 선천적인 나의 성품
그리고 나와 몇십 년 전에 헤어졌던 나의 처
그 심정을 100% 이해하고도 남았을 뿐 아니라
미안하고도 송구스러웠지만 그것은 항시 마음뿐

나의 사랑하는 가족에게 깊은 상처를 입힌 나는
말할 수 없는 인생 최대의 실책이고 경솔했지만
그것 또한 내가 타고난 숙명적인 업이 아닐까?

나는 삶과 죽음의 문턱을 수없이 넘나들다
이제 와서 후회하고 뉘우치는 노년 길에서
지난 사연들을 값진 기록으로 남기고 싶었다.

평생소원 (1)

세상 사람들 오랜 세월 살아오면서
늙어 버린 자신이 보기 싫다 하지만
나는 이제 늙은이 되고서야 거울 보며
마지막 남은 인생 행복하게 잘 산다고
거울을 보고 또 보면서 흐뭇한 나날

황홀한 노년 인생 시(詩) 속에 빠져 들어
시심(詩心)으로 고뇌하고 시름하면서
젊어서 불러 보지 못한 고운 사랑 실어서
환상 속에 머무른 아름다운 여인 찾아
사랑하고 싶었던 그 여인에게 전해 주리.

평생소원 (2)

찍찍 벌어져 가는 논바닥
긴 가뭄으로 애타게 기다리며
샘도 파고 저수지 물도 대다가
지하수로 간신히 견뎌 내던 중
하늘에서 흡족한 비를 주셨지

고생 끝에 풍부한 물을 마시며
알차게 여무는 계절을 맞이한
흐뭇한 농부 한 사람이 있는데
황금물결 농부는 바로 내 자신
칠순 노인이 시를 지어 노래하네.

평생소원 (3)

오랫동안 숨어 지낸
나의 마음 어둔 곳에
이웃나라 일본에서
뒤늦게 찾아온 그 인연

불어오는 봄바람 속에
한동안 그칠 줄 모르며
그 여인과 함께 사르르
살살 녹아나는 그 속삭임

내가 진정으로 꿈꿔 오던
내가 찾았던 그 여인과 함께
풀피리 사랑 불고 또 불어보는
진실 속의 밀어가 무르익었네.

운 좋은 사람

지구상에 태어나게 된 것과
자신만이 불행하게 사는 것을
불평불만 착각하며 살아오다

운 좋게도 큰길을 만나고부터
역시 나는 운 좋은 사람이라는
나이 들면서 이제야 알았습니다.

현실의 21세기

높고 푸른 우주의 달님 세계
환상의 21세기는 두뇌로 갔다가
현실의 21세기에 도착한 달나라

겹겹이 쌓여 있는 가득한 욕망
아무도 알지 못할 깊은 곳에
퇴색되고 헐어빠진 못난 생각들
나도 한 번 따라가 볼까 생각하다가

지금까지 내 허울 벗어던지며
새하얀 종이 한 장 펼쳐 놓고
남들이 부러워하는 글을 적으며
현실의 21세기 앞에 서성입니다.

반대의 세상

대부분 사람들은 비슷하게
세상 순서대로 살아가지만
나는 남들과는 유별나게도
정반대의 세상을 살았습니다

사람들은 늙고 나서 말하기를
허무한 생각만 자꾸 든다고
나는 이번에도 반대의 생각
늙었어도 할 일이 생겼습니다

젊었을 때 누구보다 외로웠으며
젊어서 하고파도 할 수 없었던
황홀한 경지에서 시를 지으니
반대의 세상에서 자칭 군자랍니다.

벼루 속에

나의 온갖 생각을
어머님의 벼루 속에
한 움큼 집어넣어
곱고 찐하게 갈고 싶으며

나의 온갖 정성을
선비님의 벼루 속에
조금씩 담아 드려
진정한 먹물 되고 싶으며

나의 온갖 희망을
소중한 벼루 속에
아낌없이 쏟아 가며
좋은 시를 갈고 싶습니다.

봄바람아

따뜻한 햇살 아래
향긋하게 뿜어내는 봄바람아
예쁜 노래가 되어
사르르 사르르 찾아오는 꽃바람아

칠순 넘은 이 노인에게 찾아오면
슬픈 마음만 가슴속에 안겨다 주니
달콤한 사랑 속삭이는 젊은이에게
꽃향기 뿜어내며 찾아가거라

봄바람 찾아오면 가슴 메이고
칠순 넘은 늙은이가 엄마 보고파
구슬 같은 내 눈물이 맺혀진단다.

글 솜씨

알 듯 말 듯
진짜일까
가짜일까

이것이 진정
내 가슴 별과 함께
숨어 지낸 글 솜씨일까

아닐 거야
아니라면 그것은
기적처럼 찾아오신
선비님 선물일 거야.

영혼의 신기루

영혼을 불태우듯
타들어 가는 목마름 속에
견디고 견뎌낸 긴 사막의 여행
보이는 것은 겨우 안개 같은 신기루

무참히 내리쬐는 태양을 원망하며
얼마나 더 가야 오아시스를 만날까
모진 모래 태풍 견뎌 내면서
멀고 긴 세상을 지금까지 달려왔었지

아아! 바로 이곳이던가
눈 비비면서 다시 확인해 봐도
틀림없는 오아시스를 만났지만
다시 보면 그것은 보이지 않는 신기루

가슴에 돋보기로 확인해 보니
그토록 찾았던 오아시스는 바로 내 자신
내 영혼의 신기루는 바로 글 쓰는 시간……

은인의 손길

깜깜한 암흑 속의 허공에
깊은 계곡에 빠져 들었던
날마다 헤매던 시간이지만
〈신념〉이 나를 건져 올렸지

오랜 세월 동굴 속에 갇혀서
나의 눈은 장님이었나 했는데
신비 속에 나타난 은인의 손길
꿈속 아닌 현실에서 빛을 보았지

공작새가 아름다운 깃털 세우듯
둥실둥실 꽃구름에 몸을 싣고
이토록 행복하고 밝은 세상에
나의 영혼 불태우는 시를 지어
온 세상 널리널리 펼쳐 내야지.

최고의 주인

하늘나라에는 별들이 살고
나는 별나라를 꿈꾸고 있는
하잘것없는 소성(小星)이지만

그래도 나는 특별한 유성
가끔씩 은하세계를 주름잡는
별나라에 최고의 주인이었지.

안개터널 지나며

가슴속에 맺혀 있는
한평생의 한 덩어리

조용한 공간에서
시인 되는 것이 소원인데

그 응어리를 풀어내는
수많은 정열 불태우다

이제야 안개터널 지나며
밝은 명산을 만나 보았네.

지옥과 천국 (1)
-제1의 인생

꽁꽁 얼어붙은 냉혹한 찬 기운은
따뜻한 봄기운에 꼬리를 내릴 무렵
향긋한 꽃 내음 풍기는 봄을 느끼며
남쪽바다 다도해의 절경을 지나칠 적에
한 쌍의 원앙부부가 여객선 상판 위에서
병풍처럼 펼쳐진 절경을 바라보다
아름다운 다도해의 산야를 가리키며
여보! 저곳을 보시오!
우리가 이렇게 아름다운 이 땅에 태어나
한 쌍으로 만나게 하신 우리 조상님께
어떠한 은혜를 다 갚아야 할지요?

원앙새처럼 사랑스러운 아내에게
행복스런 심정을 속삭였는데
아내는 잡았던 손목을 뿌리치며
넋(정신) 빠진 소리 말고 어서 객실로 가자고
이게 무슨 태도인지
너무도 섬뜩하여 소스라치는
이 소름 끼치는 말 한마디가
나의 귓전에서부터 시작한
오오! 이 절망과 좌절감!
우리는 정말 잘못 만난 한 쌍의 원앙이었나……

지옥과 천국 (2)
-제2의 인생

어느덧 세월 지나고
외롭게 떠도는 외기러기
서러워 눈물과 한숨 토하며
새로운 희망의 인연 만나면
죽어도 이젠 놓지 않겠다는 마음

제2의 원앙을 만났을 때 너무 좋아
무지개처럼 아름다운 꿈을 가꾸며
이제부턴 두 손잡고 환하게 웃었는데
오오! 이 원앙도 이렇게 좌절일 줄은

돌이킬 수 없는 운명의 끈이 되어
끝이 없는 불행의 꼬리를 물고
흙탕물은 흘러가고 또 흘러가면서

휘몰아치는 역풍에 휩싸인 채
외로움과 슬픔의 연속 속에서
멀고 먼 외로운 터널 지나가면서

그렇게 나의 영혼은 또 절망 속으로
자신도 모르게 자꾸자꾸 빠져 들면서
속절없는 20여 년 세월이 흘렀습니다.

지옥과 천국 (3)
-제3의 인생

그런대로 한세상 지내 오면서
새로운 기적이 일어났는데
소년처럼 부풀던 노인에게
행운의 여신을 만났습니다.

여신은 다름 아닌 지성을 갖춘
유명하고 귀한 시인이었는데
새로운 생명이나 다름없는
제3의 인생길에 등불입니다.

지옥과 천당을 오가던 내가
아름다운 산야의 꽃님이 되어
철 따라 피고 지는 꽃과 나무로
못다 한 여한을 풀어 가면서
새로운 희망의 길로 올랐습니다.

아가꽃

앞마당 조그마한 화단에
엄마 곁에 있는 아가꽃 봉오리

엄마 품 보호 아래
예쁜 아가가 첫걸음마 배우듯

빨리 터뜨리고 싶어
엄마 잎새 조르다 기다리지 못해

살그머니 엄마 몰래
고운 꽃망울 살짝 피워 냅니다.

자화상

현재의 나의 모습
거울에 비춰 보니

빙그레 미소 짓는
세월에 주름진 흔적

아름답고 진실되고
그리고 너무 평온합니다.

제 4 부

가장 중요한 현실

고운 님 가슴까지 울려 퍼지는
잔잔히 메아리치게 글을 쓰는
지금이 가장 중요한 현실입니다.

지난날을 생각하며 (3)

-정말 어디로 가야 할지

내 나이 48세에 길 잃은 외기러기
나 스스로 생각만 해도 처량하지만
가슴속에 새겨둔 〈신념 365일〉
결심의 나날들을 버티던 어느 여름날
쾌쾌한 냄새 풍기는 〈여정여인숙〉에서
그래, 이렇게 하자! 하고 결심하기 시작
지난 과거 모두 잊고 다시 재도전하자!
하루에도 몇 번 다짐하고 반복하면서
나도 할 수 있다는 〈신념〉 바로 그거였다

내가 천막 사업할 때 친하게 지냈던
부산 상선선박회사 과장직 선배를 찾아가
사업 도중 실패하여 백수 노릇 하다 찾아왔으니
나도 돈 벌게 배를 타게 해달라고 통사정
초라한 내 모습을 보고 혀를 쯧쯧 차며
자네처럼 전망 밝았던 사람이 요지경이라니
그렇게 취직하려는 나의 마음은 찹찹한 채로
용당에 있는 〈해기〉연수원에서 3주간 훈련과
교육받은 수료증으로 입사할 수가 있었는데……

그 일로 나는 곧바로 〈통영〉시청에 갔다가

깜짝 소스라칠 정도로 격분하고 있었다.
그것은 나 몰래 떠나 버린 나의 부인과
이혼성립이 안된 그 사실을 처음 알은 것이다.

내가 얼마나 무능한 사람인가를 새삼 느끼며
낭떠러지에 거꾸로 떨어지는 사람처럼
전신이 혼미하고 어지러워 지탱할 수 없고
하늘이 노랗고 가슴은 꽉꽉 막혀 오며
바라던 내 취직은 이제 물거품이 돼 버렸다.

그 이후 어느 선배의 가장 친한 친구께서
〈오대양선박회사〉 책임자를 소개시켜 줄 테니
고생할 각오로 다시 사업을 재기하라는
선배의 말에 다시 희망을 가질 수 있었다.
이거야말로 전화위복이란 생각으로
〈오대양〉 사무실에 찾아가 담당을 만났는데
한 장의 서류를 내주면서 당부하는 말이
도장만 받아 와서 캄차카반도 트롤작업
〈오대양 301호〉 출항 날짜에 나오라는 것이다.

나는 서류에 있는 내용 살펴보니
그것은 생각보다 너무 쉬운 조건인데

'감포' 에 사는 이복형 도장 받는 내용이다.
나는 제비처럼 날아가는 몸으로
'감포' 형님 뵙고서 간단히 설명을 하고
앞으로 모든 돈은 형님께서 받아 두셨다가
내가 귀국하면 그때 돌려 달라고 당부했는데
그런데 오오! 이것은 뜻밖에도
이복형은 한마디로 딱 잘라서 말한다.
"나는 그 일을 절대 협조 못해 주겠네!"
나는 다시 온몸에 힘이 빠지며
이 각박한 현실에서 허우적대다가
이번에 발길 닥치는 대로 찾아간 곳은
수평선 바다가 보이는 감포 방파제였다.

아무도 보이지 않는 바닷가에는
처얼썩~ 부딪치는 파도소리를 들으니
너무도 외롭고 슬픈 생각에 울컥울컥
구슬 같은 눈물 훔치며 울기 시작했다.
보고 싶은 어머니! 어머니!
이 세상에 왜 저를 태어나게 하셨습니까?
다시 한번 어머님을 원망하면서
쥐고 있던 서류를 확 찢어 버렸다.

그래! 〈신념 365일〉 다시 시작해 보자
그 다음날 부산에서 제주도로 가면서
어디 어떻게 살아갈까? 하고 고민하던 중
난생처음 어느 소개소에 들어갔는데
밀감 밭에는 일꾼들을 찾지 않는다는 것
아차! 이번에도 생각대로 되지 않는구나.

배운 도둑질은 못 버린다고
발길 닿은 곳은 〈동화천막사〉라는 점포
점포 주인은 나의 모습을 보고
이젠 아저씨는 연세 많이 드셨으니
기술자 아닌 보조 일꾼으로 쓴다는 것이다.
그래도 나의 처지에선 천만다행
점포에서 최선의 노력과 아울러
작업 시작한 지 어느덧 6개월 지날 무렵
나를 인정한 주인이 기술자로 승진시켰다.

그런데 이상하게도
옆 가게 〈일성천막사〉라는 어린 녀석이
〈앵커〉를 이렇게 만들면 안 된다면서
날마다 계속 건방진 소리를 듣던 어느 날
어린놈이 이 무슨 건방진 소리냐? 고 고함치니

사정없이 대들면서 주먹질하는 것을 못 참고
성난 표범처럼 그 어린 청년과 함께 와장창!
서부활극이라니 이 무슨 꼴이란 말인가?

나의 한심한 짓거리에 기가 막혀
다시 가방을 챙겼는데 정말 어디로 가야 할지……

고진감래

포부와 희망을 가슴에 안고
더 큰 목표를 달성하기 위하여
강을 건너고 태산을 넘어가는데

앞길에 찬 서리 살짝 내리며
그 위에 덮치는 차디찬 눈보라
오오! 세상이 이렇게 춥단 말인가

천국에 계신 어머님이시여!
그리고 아버님과 하늘이시여!
이 추위에 닥친 저를 구해 주소서!

오오! 그러자 이상하게도
끈질기던 북풍이 누어지면서
원했던 나의 목표를 달성하고 보니

아아! 지금 내 모습은 허연 백발노인
오오! 이것이 바로 고진감래가 아닐는지……

돌팔매

몹시도 사나웠던 회오리바람
그 엄청남 허리케인 위기를 넘긴 후
이젠 안도의 숨을 돌려볼까 할 무렵
쓰나미 파도에 또 한 번 말려들었지

하지만 나의 〈신념 365일〉 그 앞에
찾아들었던 태풍도 물러갔는데
또 한 번 쓰나미 파도에 휘말려 들었지

이젠 죽었다 하고 체념하면서
험난한 내 인생 상상조차 하기 싫어
잔잔한 호숫가에 정박하고 있었지

예쁘게 피어 있는 꽃길 가에서
조용히 눈 감고 꿈을 꾸던 중
어디선가 날아오는 돌팔매 소리
첨벙하는 그 소리에 정신 차렸지.

활화산처럼

1)
기암괴석을 자랑하는 봉우리
세계 산악인들이 모두 정복하고자
도전하다가 좌절하고 포기하고 마는
그런 높은 산속에 들어 있는 불덩어리

2)
끓어오르는 속내를 분출하고자
수천수만 년을 참고 견뎌온 활화산
부글부글 끓고 있는 산속의 한 덩어리
용솟음치고 있는 것을 그 누가 알리오.

3)
70여 년의 긴 세월을 참아 오면서
한평생 소원이던 시인으로 태어나니
부글부글 끓고 있는 가슴에 불덩이
이제서나마 화산처럼 분출하리오.

4)
슬프고도 애달프던 불행한 운명
아름다운 시어에 곡을 붙여서
세상천지 모든 사람들 가슴속에

화인처럼 박혀 있는 시를 쓰리오.

5)
하늘에 계신 어머님께 용서 빌면서
〈신념 365일〉 마지막 정성을 쏟아
마침내 때가 되어 분출하는 불처럼
하늘 높이 용솟음치는 시를 쓰리오.

가장 중요한 현실

가장 중요한 내 인생 앞에
지금 이 현실을 뒷전에 두고
심오한 창작 속에 빠졌습니다.

환희의 미소에 젖은 이 모습
내 인생 최고의 삶 그 자체
내가 살아 있는 생명입니다

고운 님 가슴까지 울려 퍼지는
잔잔히 메아리치게 글을 쓰는
지금이 가장 중요한 현실입니다.

꼬부랑 할머니 말씀

-6 · 25전쟁 때

조등학교 이런 나이
놀기 좋은 놀이터에
*곱돌로 정사각형 그려 놓고
땅따먹는 놀이에 정신 팔려
한참 흥겹게 놀고 있던 그 마당 가에
마침 지나가던 꼬부랑 할머니가

애들아! 그런 놀이 하지 마라!
6 · 25전쟁이 난 이런 판국에
그런 놀이하면 안 된단다!

그렇게 타이르셨던
꼬부랑 할머니의 그 말씀을
어른이 되고 나서 이제 알았네.

* 곱돌 : 분필처럼 흰 돌조각.

어정쩡한 운명

아아! 나는 이상스런 운명
나의 아버지는 경상도 출신
나의 어머니는 전라도 출생
부모 인연으로 태어난 사람

나의 기술은 천막제작 직업
나의 특기는 글 짓는 기술
비승비속이란 문자 그대로
그래서 나는 어정쩡한 운명

그러나 지금 분명한 것은
노년에 출세한 시인이라오.

물레실

선대부터 물려받은 손때 묻은 물레실 바퀴
물레테 끼워 명주실 풀 때 명주실이 잘못 꼬여
풀면 풀수록 내 인생도 잘못 꼬여 가던 일들

온갖 좌절과 고통을 참고 견디다
맑고 푸른 시냇가 얼음장 깨고
벌겋게 달아오르는 얼굴 식히며
모든 것은 물속에 묻어버릴까 생각하다

마음 추스르며 견뎌 오던 지난 추억들
나의 〈신념 365일〉 가슴에 묻어 두고
열심히 풀어 가다 보면 그날이 오겠지

예쁜 새들 살아가는 푸른 숲 속에서
험한 산길 걸어오던 옛 생각하며
가슴에 꽉 막혔던 물레실 확 풀어내고
이제야 해냈다고 외쳐보는 그날 오겠지.

명절 선물

예쁘고도 자그마한 포장지
정성 들인 택배포장 열어 보니
명인이 빚어 만든 명품 〈안동소주〉
타임머신 타고서 양반님 찾아뵈듯
명절 선물 보내신 선비 후손의 정성

아아! 이 마음에 소중한 정성을
나의 귀한 대인님께 보내 드리면
기뻐하시겠다는 마음에 들떠
감사한 마음 깊이 간직하면서
명절 선물 대인님께 드려야겠네.

악몽 (1)

새악씨 입술이나 된 듯한
예쁜 코스모스 꽃길을 걸으며
꿀맛 같은 사랑을 속삭이던
원앙의 한 쌍 부부

황금빛 찬란한 미래를 향해
멀고 먼 한세상 꿈을 그리며
행복과 황홀함이 파고들 즈음
찌르릉~ 수화기를 든 순간
공장에 불이 났어요!

눈 속에서 튀는 불빛
공장이 타오르는 현실
나의 이 순간이 바로
일생에 꼭 거쳐야 할
실험대던가? 불행이던가?

악몽 (2)

이제는 어떻게 먹고 살아야 할지!
지칠 대로 지친 나는 너무 괴로워
배 타고 태평양으로 멀리 떠나갈까

이유도 끝도 없이 기다리다가
1억 5천 정도 되는 돈 중에서
일부라도 갚아 달라고 찾아다니던 나날

용기 내어 소주 한 병 확 마시고
술김에 찾아가 내 딱한 사정 말하니
기다리면 누가 남의 돈 떼먹겠냐?
불나더니 완전 미쳐 버렸구먼!’ 하고 비꼬니
나는 내 공장이 활활 타는 불처럼
내 눈에서도 지옥의 불꽃이 피듯
온몸에서 악몽이 불꽃으로 변하며
손에 잡힌 쇠막대기를 휘두르고 나니
아아! 이게 정말 미친 거구나!
그 사람 말대로 나는 확실히 미쳤던가 봅니다

그 사람은 병원 신세, 나는 유치장 신세
나의 〈신념 365일〉 다시 생각하면서
면회 오신 분께 받을 돈 받지 않을 테니

합의서 받아 법원에 제출해 달라고 사정했던 일

그 이후 나도 살기 위하여 빌려 쓴 돈이
이십여 년 동안 일수장사 먹여 살렸고
일천만 원 빌려 쓴 일수 이자가
2억이 넘는 악몽이 이제야 끝났습니다.

춘몽

나의 운명 그대로
악몽의 시험대 벗어나

황금빛 노을 가득한
아름다운 하늘 아래

높이 나는 학처럼
찬란하고 행복한 삶을

좋은 인연들과 함께
천천히 펼쳐 볼까 합니다.

가족 잃은 나의 마음

파랗게 솟아나는 풀잎 보고도
여름에 시원한 바다를 보고도
울긋불긋 물든 단풍을 보고도
눈꽃이 만발한 설경을 보고도

오직 나의 가슴 깊은 곳에는
스산한 찬 기운만 스며 오는데
이것을 어떻게 감당해야 할지

오오! 그것은 〈신념 365일〉
바로 이것이 내가 나를 지키는
나의 상처를 아물게 하는 명약

이제야 조금씩 냉기운과 함께
스산한 바람도 잠자는 시간
그런 평화가 서서히 찾아오기를……

바둑놀이 (1)

푸른 잎 시원하게 우거진
웅장한 천년의 고목 아래
신선들 바둑놀이 구경하다
도낏자루 썩는 줄 모른다더니

오오! 너무 신기한 일
높은 산 기암절벽 아래
절경 좋은 산봉우리마다
뭉게구름 덮쳐 있는 산중에

계곡물 내려다보이는 그곳에서
하얀 도포 자락 뒤로 젖히며
마주 앉은 두 분의 신선들이
바둑 두는 그 모습을 연상한 소년.

바둑놀이 (2)

산기슭 초라한 오두막에서
외롭게 살고 있는 소년 나무꾼
오늘 따라 웬지 높은 산중턱까지
지게 지고 그곳을 지나가다가
아아! 옛날 전설이 사실이었구나!

신선들의 바둑놀이가
그 얼마나 재미있을지
나도 한 번 해보자고 마음먹고
지고 있던 나무지게 벗어던지며
바깥세상 바둑판에 뛰어 들었지.

바둑놀이 (3)

인생 바둑을 잘 두려면
우선 바둑판이 있어야지
지도 한 장을 펼쳐 들면서
어느 쪽부터 둘까 판단하다
경솔한 소년은 에라 모르겠다
동쪽부터 바둑알 놓기 시작

동해바다 조그만 섬
울릉도 오징어잡이 하다
바둑알 잘못 놓은 걸 접어두고
다시 남쪽으로 더듬다가
또 잘못 둔 걸 알아차리고
이제는 서울로 뻗어 갔는데

서울에서 이리저리 떠도는 신세
또 바둑알 잘못 둔 것 후회하며
이번에는 대전으로 떠났다가
다시 제주도까지 건너뛰다가

또다시 뉘우치고 후회하면서
동에 번쩍! 서에 번쩍! 남에 번쩍!
어린소년 바둑놀이에 지쳐 있네.

바둑놀이 (4)

나침반 잃은 조각배는 이리저리
허황된 포부는 폭풍에 휘말리며
물결 따라 돌고 돌다가 떠밀린 신세
부산과 서해, 남해까지 바둑알 놓다

넋 나간 사람처럼 한심한 신세타령
정신 차려도 흔들리는 현실 앞에
그래도 마음의 보석을 얻은 젊은이
동서남북 떠돌며 터득한 인생 공부!

세월이 한참 지난 후에야 생각하니
아직도 바둑판 판세는 남아 있기에
이것이야말로 진정한 보배일 줄은
앞으로 살아가는데 중요한 인생 경험

이제부터 바둑은 인생 경험 거울삼아
이리저리 흔들리지 않는 중심에 서서
12전 13기라는 유종의 미를 거두면서
바둑알처럼 최후의 승자가 될 것이라고……

제 5 부

귀한 시인

행복한 나의 삶이 전개되며
이 절묘한 기적을 얻게 된 건
귀한 시인 그분의 은덕이었네.

지난날을 생각하며 (4)
- 어머님께 용서 빌며

어린 시절 어머니에 대한 기억은
어렴풋이 나에게 들려주었던 숙모님의 말씀
그 당시 저의 숙모님께서는 저가 태어난 집은
일본식으로 지은 제법 큰 이층 가옥이었는데
그 당시 나는 12살 정도의 초등학교 4학년
어머님은 아버님의 첩이었을 뿐더러
고향은 전남 여수에 자리 잡은 돌산도
세 살배기 어린 나를 두고 떠난 사연은
어느 스님이 시주하러 오셨는데
나의 어머님께서 버선발로 뛰어나와
쌀 한 됫박 봉양하셨는데 그 스님 말씀이
아아! 큰일 생겼다! 아드님 수명이 다됐다! 고.
"스님! 나의 아들만 살릴 수 있다면
이 몸 하나쯤이야 아무 상관없습니다."
우리 어머님은 스님께 빌고 빌며
본인 목숨까지 바꾸겠다는 말을 듣고
그 방법밖에 어쩔 도리가 없었다는 것이었다.
그리하여 자식 위해 목숨까지 공양하셨던
그런 어머님 마음을 뒤늦게 알게 되면서
힘들 때마다 어머님 원망하고 용서 빌던
그런 나의 어린 마음은 더 큰 어둠 속을 걷고 있었다.

어머님 손길

불초가 기적으로 살아난 것은
구원의 따뜻한 어머님 손길
하늘나라에 계신 어머님 향하여
살려 달라! 살려 달라고! 외쳤습니다.

동해바다에서 고기잡이 끝나고
항구로 돌아오는 그 한밤중에
맹수 같은 파도로 침몰할 적에
이제는 죽었다는 체념도 했습니다.

타고 있던 4명의 선원들이 물위에서
헤엄치며 울부짖고 통곡하면서
최악의 순간까지 사력을 다하는데
기적처럼 지나가던 큰 배를 만나며
어머님 구원의 손길로 살아났습니다.

당신의 뜻

경치 좋고 신비가 있는
높고 아득한 기암절벽
신성한 그곳을 얼마만큼 가야
내가 원하는 그곳을 오르게 될까

길을 잘못 찾아들면
평생 가도 소용없을 텐데
그런데 나는 황혼 길에서
드디어 그 높은 곳에 올랐습니다.

여기까지 힘든 길 올라오면서
천국의 어머니도 원망했지만
아아! 지금 와서 생각해 보니
어머니의 큰 뜻이 있었나 봅니다

틀림없이 당신은 당신 아들이
많은 사람들에게 베풀 수 있는
좋은 정서를 모두에게 전파할 수 있는
진정한 사람을 만들기 위한 뜻이었습니다.

= 문단에 진출하면서 =

글과 나무

경치 좋고 절묘한
성주산 밑에 자리 잡은
예술의 전당 '글과 나무'

그윽한 예술의 혼을
이 먼곳까지 풍겨 주니
그 서정들이 너무도 좋아

나도 짐작만 했었는데
그 정취를 느끼게 된 건
귀한 시인님이 살짝 귀띔해 줬지.

= 글과 나무(마을기업 협동조합 상호) =

어떻게 따라오리까

내 걸어온 지난날 되짚어 보니
부끄럽고 창피한 일들이 너무 많아
뒷머리 극적거리며 후회 많이 했지만
누가 내 기구한 운명을 어떻게 따라오리까

성공한 사람들 잘났다고 폼도 내며
지상의 모든 꽃들 예쁘다 자랑한들
이 늙은 노인 머릿속에 꽉 들어 있는
누가 내 기막힌 이상을 어떻게 따라오리까.

몰입

깜깜한 밤하늘에
유성처럼 빠른 그 빛줄기가
모두 사라지는 모습을 보고
정성 모아 빌고 비는 평생소원

비로소 이루게 된 이 공간에
다시 스며 오는 이 신비스러움
유성처럼 빠르게 지나던 과거가
다시 야릇한 시상으로 되살아나며
형용할 수 없는 사색에 몰입합니다.

진풍경

나의 뇌리 속에
신기한 일들이
생생하게 움직이고

비행접시처럼
신세계 후세계
전 후진 해가며

그 넓은 세상을
새로운 상상과 함께
진풍경을 그려 냅니다.

= 수필을 쓰면서 =

이상해진 내 자신

요즈음 우리 부인이
남들이 당신한테
이상해졌다! 고 말하는데

그럼 당신도 나를 보며
그런 생각 해봤냐? 고 되물으니
정말 그렇다! 고 끄덕였는데

틀림없이 내가 나를 봐도
귀한 시인이 된 후부터
창작에만 몰두하다 보니
정말 내가 이상해진 것 같다오.

눈물방울

하얀 물보라 몰려오는 해안
애달프게 들려오는 저 파도 소리

눈물 섞인 여인의 절규인 양
처절한 저 소리 그칠 줄 모르며

슬펐던 지난날의 추억으로 번지니
내 볼에 흐르는 구슬 같은 눈물방울.

곡예사

내 인생 방향 잃은
곡예사로 전진하며

온 세상 물결 속으로
묘기 부리며 살았는데

만년에 새로 시작한
글[詩]세계의 곡예사

좋은 시들을 발표하니
사업장까지 빙빙 잘도 도네.

현재의 내 마음

세상살이 너무 외로워
이곳저곳 기우뚱거리며
아마도 나는 누굴 찾고 있었지

마음속에 들어 있는 향기
나의 마음을 전하고 싶어
아무리 노력해도 허사였었지

내 주변에 누가 있을 거라고
혼자 고민하고 초조해 하면서
내가 찾고 있는 그분을 못 만났지

그러던 어느 꿈속에 암시를 받아
묘하게도 귀한 시인님 만났는데
평생 찾고 있었던 그런 분이셨지

얼마나 반갑고도 기뻐했던 일인지
오오! 아무리 세상이 행복하다 한들
현재의 내 마음속 반쪽이나 될는지……

숲 속의 나라

울창한 밀림에
예쁜 새들이 모였는데
오늘은 큰 잔치가 벌어진 듯

새들 나라의 대장이
노래자랑을 시켰는지
그중에 꾀꼬리가 가장 으뜸

꾀꼴 꾀꼴 꾀 꾀 꼴
음악의 경지에 도달한
노랫소리가 숲 속 나라를 뒤흔드네.

별들의 나라

밤하늘 별들의 나라에
빛나는 유성이 지나면서
이곳저곳 사면팔방
아름다운 광채를 뿜어내는데
그 멋진 광경을 보고 웬일일까

아마도 그 모습에 동요됐는지
온 몸속 깊이 확 퍼지다 보니
빛줄기 뻗어 가는 시를 쓰면서
폭죽으로 터져 나가는 나의 마음은
별나라까지 흘러가고 있는 중이네.

현실 앞에

내 인생 최고봉이던
내 청춘의 꽃봉오리

태양을 향하여 달려가는
붉게 타오르는 젊은 혈기

그것이 헛된 나의 야망
빙하에 빠져 든 현실 앞에

차가운 물속에 고개 내밀다
두둥실 떠 있는 구름을 보네.

귀한 시인

예쁜 꽃들이 만발한
내 마음의 꽃길 가에서

화알짝~ 날개 펼치며
살살 걸어가는 공작새처럼

행복한 나의 삶이 전개되며
이 절묘한 기적을 얻게 된 건
귀한 시인 그분의 은덕이었네.

경솔했던 어린 시절 (1)

내가 17~18세 되던 어느 여름
강원도 묵호항 어촌 포구에
명주군내 수영대회 있어
친구들과 함께 수영대회에 출전
1,000m 1등, 400m 1등, 100m 1등
3관왕 메달 달고 기뻐하던 여름이 지나

크리스마스가 지나가고
몹시 추운 동해가 밝아올 무렵
친한 친구가 대문 밖에서 외치는 소리
깜짝 놀라 잠결에 대문을 열고 보니
자기 자형이 명태잡이 어선잡업 하다가
스크루 줄에 감겨버렸다고 애걸하는 목소리
수영 잘하니, 스크루 줄 좀 풀어 달라는 부탁

죽을 줄 모르는 경솔한 젊은 용기
곧바로 홀랑 벗고 뛰어가
준비운동과 함께 줄 끊을 칼을 들고
얼음처럼 차가운 바닷물 속에 첨벙

이곳저곳이 어딘지도 모르는 채
화아~ 하고 숨을 들이쉬는 순간

차가운 짠물을 들이켜면서
아아! 내가 죽을 짓 했다는 생각이 번뜩

정신없이 물속 땅을 짚고 헤매는데
배 위에 있던 친구와 선원들이
나를 건져 올리며 병원으로 업고 가는
아찔한 죽음에서 기적처럼 살아났다.

※ 나중에 안 일이지만 내가 물속에서 10분 정도 있었다 함.

경솔했던 청년 시절 (2)

태풍 경고가 내려진 어느 여름날
산처럼 높은 파도가 밀려오던 울릉도
명태잡이 못 나가던 남양이라는 포구
해녀보다 더 실력 좋은 잠수부 전문가가
지금 바다엔 노다지가 떠밀려 온다고
나와 함께 물속에서 큰돈을 벌자는 말에
눈이 휘둥그레지며, 그게 어디 있냐고 물었더니
따라오면 알게 될 것이라며 유혹하는 바람에
엉겹결에 바다 쪽으로 따라갔었지요.

앞바다에 떠밀려 오는 물체들을 보면서
해일이 일어난 일본의 온 동네가
온통 다 떠밀려서 이곳으로 온다는 말
태화동에서 참기름 드럼 건진 사람들이
수도 없이 많다는 그 노다지 말에 현혹되어
죽을 줄도 모르고 10m 높은 파도 속으로 텀벙

숨 막힐 때까지 물속에서 잠수하다가
그 높은 파도 속에서 물 위로 솟구쳤을 때
파도가 얼마나 높은지 태산이 솟은 듯하고
한쪽을 내려다 보니 깊은 계곡의 낭떠러지

한 사람이 파도 위로 치솟아 오를 때
다른 한 사람은 깊은 계곡에서 허우적거리며
얼마나 떠밀려 왔는지 출발한 곳도 잊은 채
뭐가 뭔지도 모르는 큰 물체를 하나씩 붙잡고
파도 위에 솟았다가 계곡으로 거꾸러졌다가
제트 비행기 타는 듯 초고속으로 아찔하게
높은 산에 솟구쳤다, 깊은 계곡물에 떨어졌다

나중에는 잠수부 아저씨도 사라져 버렸는데
남양쪽에서는 파도 소리와 함께 아우성 소리
아차! 죽었구나, 하고 출발한 쪽을 바라보며
큰 파도가 밀려오는 그 높은 파도를 타고
비행 속도로, 직행으로, 백사장에 떨어졌는데
아차! 살았구나! 하고 숨 쉴 틈도 없이
빨려 가는 물속 파도에서도 모래를 움켜쥔 채
얼마나 뒹굴었는지도 모르고 정신을 잃었습니다.

한참 시간이 흐른 후,
인파소리에 눈을 떠 보니 저승인지 이승인지,
경솔한 이 청년은 기적처럼 살아났다.

경솔했던 중년 시절 (3)

남쪽 끝자락에 위치한 거제도 장승포에
옥포조선소에서 막노동 하던 시절에
동료들과 대폿집에서 얼큰히 술을 마신 뒤
선창가에 바람이나 쐬러 가자는 바람에
여럿이서 선창가를 거니는 동안

암흑처럼 캄캄한 해안 언덕에서
풍덩! 물결치는 소리와 함께 들리는
애끓는 여인의 목소리 '애기야! 애기야!'
발을 동동 구르는 처절한 엄마 모습

초등 1년 학생이 엄마 따라 왔다가
잡았던 엄마 손 놓고 뛰어다니다
발이라도 헛디딘 탓으로 아기는 그만
바닷물에 휩쓸리면서 허우적허우적
자식 살리려는 모성애의 외침 소리

순간, 나는 내 생각도 하지 못하고
겨울 잠바도 벗을 겨를도 없이
얼음물 속에 뛰어 내려가 텀벙텀벙
어떻게 정신없이 밖으로 나왔는지

한참 후에 고맙다는 인사말 소리
그 이후 몸이 쇠약해진 나의 건강
병원 신세를 지면서 내 경솔함을 탓하던
병마와 함께 시달리던 중년 시절도 있었지……

지금 와서 생각하니 경솔인지? 적선인지?
나는 확실히 잘 모르지만,
이렇게 경솔했던 나의 청년 시절을 회상해 보니
그런 일들이 지금은 하나의 아름다운 추억이었다.

렌탈나라

사회적 기업 렌탈나라 본부장님
칠순 넘은 노인이 시인된 것이
뭐 그리 대단하다 여기시고
서울에서 이곳까지 찾아주시며
귀한 청자화분까지 선물 하시니
이 얼마나 고마운지 눈물 납니다.

고급스런 청자 속의 그림을 보며
렌탈나라 착한 기업 대기업 되라고!
일파만파 이 나라에 도움 주라고!
혼잣말로 홍얼~ 홍얼~ 기원하며
고마운 나의 속마음 전달합니다.

제 6 부

꽃동산 그늘에서

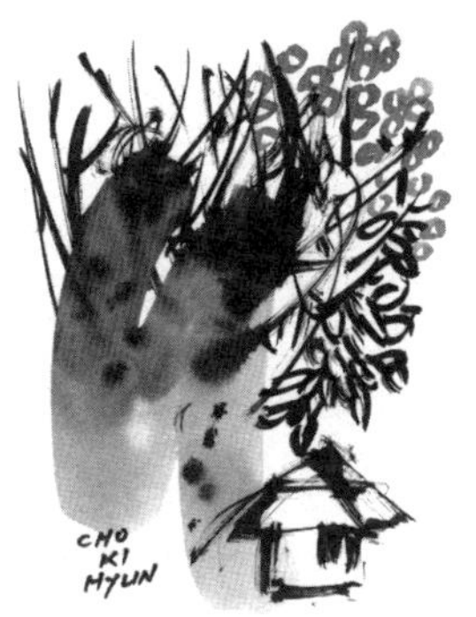

호랑나비 살짝 날갯짓할 때
방긋이 웃으며 지나는 모습
금방 피어오른 꽃동산 그늘에서
처음 만난 여인한테 정신 팔려
나긋나긋 그녀 뒤를 따라갑니다.

지난날을 생각하며 (5)
-내 인생 최고의 수준

2015년 1월 하순부터 5월 초순까지
내 겪어온 지난 사연들을 기록하면서
첫 시집 "행복한 어느 노인"이란 책을
꼭 출간하겠다는 결심으로 고뇌하면서
내 인생 전부를 바치고 있었던 것이다.

지금까지 살아왔던 경험과 인생관을
떳떳하게 세상 밖으로 내 놓기 위한
칠순이란 세월을 기다리고 인내하며
늦게나마 꿈꾸던 평생소원 성취하려
한 덩어리 전부 쏟아내는 작업이었다.

그러니까 내 인생 최고의 수준으로
기적처럼 찾아온 기회를 꼭 끌어안고
최선을 다하는 것이 내 사명감이었다.

하여간 머지않아 내 시집이 출간된다는
그 자체 하나로도 너무 뿌듯한 심정이며
나의 친지들에게 시집을 선물할 수 있는
이 기회가 왔으니 얼마나 가슴 벅차겠는가.

정말 이제 죽는다 해도 여한이 없겠지만
하여간 나는 출간을 앞두고 더 바란다면
그것은 하잘것없는 나의 시집이지만
나와 인연된 모든 분들의 정서와 시상이
함께 잘 어우러졌으면 하고 축원하는 바이다.

= 2015년 5월 13일 밤 =

제일 소중한 우리 아들

부모들 못난 탓으로 하여
아들 모습은 항시 먹구름인 듯
언제나 안개같이 어두운 표정인데
우리 아들 볼 때마다 나도 구름이었네.

우리 큰아들 용호 아비 잘못 만났지만
그래도 가정의 기둥으로 인내하며
밝은 빛으로 우리 집안을 지켜 내려고
마음 고생 몸 고생 모두 견디고 있었다.

지금도 그 훌륭한 정신력으로
서서히 구름 걷히며 준엄한 얼굴
우리 큰아들 모습이 대견스러워
고맙고도 미안한 마음 눈물이 난다

분명한 것은 우리 아들 영오가
못난 아비 용서하고 가정 지키며
복잡한 집안을 초석으로 다져 가니
그 또한 너무 고마워 눈물이 난다.

사랑하는 큰아가

높고 넓은 하늘가에
환히 비추는 달빛인 듯
둥글고 크게 품은 우리 집 보물
소중하고 귀한 우리 며늘아기

못난 시아비 가는 길 앞에
수놓은 비단길 깔아 주어서
이제야 가벼워진 내 몸과 마음
너무나 고마워서 가슴이 메네.

= 나의 시집 출간에 적극 도와준 우리 아가 =

사랑하는 내 딸

나의 소중한 내 딸아이
한 송이 백합 닮은 우리 시정이

그토록 영롱하게 빛나는
보배 중 나의 최고인 우리 딸아이

내 아가를 내 품에서
멀리 떠나보낸 그 이후부터

너무 미안하고 아팠던 일이
저려 오는 자신도 너무 미웠지만

그래도 그동안 숨겼던 내 속마음
사랑하는 내 딸은 내 희망이었다고……

= 우리 딸 시정이를 생각하며 =

사랑하는 둘째 딸

사랑하는 둘째 딸 명숙아
우리 딸은 사람들 많은
빨강 등, 파란 등 신호등 되어
혼잡한 출퇴근 길에서
정리 정돈 잘 비춰 주거라.

바보 같은 엄마 아빠
우리 딸이 대신하여
오빠 동생 중심에 끼여 있어
그 많은 고통을 잘도 견뎌 줬지.

우리 딸이 잘 살아가길
이 못난 아빠가 빌며 살다가
나중에 하늘나라로 가게 되면
그곳에서도 계속 빌고 빌 테니까

자랑스러운 내 딸 영숙아
우리 딸은 혼잡한 길 앞에
많은 사람들의 안전을 위해
신호등 되어 잘 비춰 주거라.

= 우리 둘째 딸 명숙이를 생각하며 =

효자손

봉선화처럼 어여쁘고
아이처럼 곱던 우리 마누라가

세월 앞에서는 어쩔 수 없이
어느새 시들면서 늘어 가는 주름살

바다에 살고 있는 상어처럼
나의 피부도 함께 닮아 갔는데

우리 할멈 내 등을 어루만지니
늘그막에 우리 마누라 효자손일세.

꽃동산 그늘에서

따뜻한 어느 봄날
산뜻한 꽃동산 그늘에서
아기 꽃사슴 바라보는데
댕기머리 늘어뜨린 어느 아가씨
사뿐사뿐 다가오는 애틋한 모습

호랑나비 살짝 날갯짓할 때
방긋이 웃으며 지나는 모습
금방 피어오른 꽃동산 그늘에서
처음 만난 여인한테 정신 팔려
나긋나긋 그녀 뒤를 따라갑니다.

친구 누나

고등학교 다니던 어린 시절에
나의 친구 '성재' 집에 놀러 갔는데
빠알간 진달래 꽃잎 많이 따다가
꽃 빈대떡 부쳐 주었던 친구 누나

예쁜 누나 얼굴이 꽃잎 같아서
진달래꽃 빈대떡도 먹지 못하고
돌아오면서 핑 도는 눈물 흘렸는데
그 후부터 나는 친구 누나를 사모했다네.

순희 사랑

나의 사랑 귀여운 우리 순희와
구덕산 골짜기 숲을 지나면서
아름다운 서로의 미래를 위해
마음 변치 말자고 귀에 소근대며
손가락 걸면서 웃고 껴안았는데

미래의 순희는 동쪽으로 가고
장래의 나 또한 서쪽에 사니
서로의 숙명에서 소식도 없는
아롱진 사랑은 아름다운 추억
아직도 순희 사랑 잊을 수 없네.

옛 여인

고드름처럼 얼어붙는
차가운 당신의 마음
매정하게 떠나가 버린
우리 만남이 성애 돋는
옛사랑 나의 여인이여!

언젠가 한 번쯤
우연히 다시 만난다면
그 얼음세계를 녹여 내는
나의 뜨거웠던 속마음을
그대 가슴에 전달하리오.

백설공주

콸콸 쏟아지는 폭포수처럼
모래태풍 휘말리던 사막처럼
가시밭 중령고개 지나고 보니
곱디고운 백설공주 만났습니다.

동경하던 그리움에 빨려 드니
꽃잎 같은 애틋함이 스며들며
신비로운 안개 속을 헤매면서
백설공주 내 가슴에 잠이 듭니다.

첫사랑이었나

꿈 많던 소년 시절 그때에
덤핑 서적 팔고 있던 나의 노점상에
김소월 시집을 펼쳐 보는 어느 소녀
직장에 다닌다는 그 소녀를 보는 순간
너무 산뜻하여 팔딱거리는 내 가슴
시집 속에 들어 있는 듯한 그 분위기
별처럼 빛나는 눈동자와 어여쁜 모습

어쩌다 나는 그 소녀한테 넋을 잃고
나의 마음 모두 빼앗기던 그 어느 날
그 소녀의 퇴근길에 조용히 다가서며
무슨 말 건네다가 그만 벙어리 됐는데
귀여운 그 소녀는 빙그레 웃으면서
부끄러워 말고 할 말 있으면 해 보라고!

다음날 그 소녀를 만날까 봐 두려운 마음
사랑한다는 그 말을 꼭 전하고 싶었지만
어쩐 일인지 나는 나도 모르게 도망치듯
장사하던 내 노점상까지 접고 말았는데
아아! 이것이 바로 첫사랑인가 생각합니다.

애태우던 청춘

내 인생 활기찬 청춘 시절에
찬란하게 비춰 오는 여인 만나

밝은 모습 스스로 돋보이면서
기다리고 기다리며 더 기다리는

보고 또 보아도 더 보고 싶은
만나고 또 만나도 더 만나고 싶어

설렌 마음 더 많이 채워 가면서
야릇한 느낌으로 애태우던 내 청춘.

아이스께끼

햇볕이 뜨거운 어느 여름
아이스께끼~ 아이스께끼~
까까머리 어린 소년은
이 골목 저 골목 찾아다니는데
오빠! 아이스께끼 하나 주세요!

동전 하나 내밀면서 달려온
어느 소녀와 눈빛이 마주치자
'주인집 아기인데요!' 하며
까만 눈을 반짝거렸는데
나의 가슴은 뛰고 있었습니다.

어여쁜 그 소녀의 그 눈동자와
촉촉이 젖은 그 애처로운 표정
티 없이 청순하고 맑은 얼굴에
이미 매료당한 소년의 들뜬 마음
자신의 딱한 처지도 잊었습니다

소년은 소녀 주변을 기웃거리며
아이스께끼! 아이스케께끼! 하며
계속 그 소녀를 향해 외쳤었는데
아마 그것이 소년의 사춘기입니다.

옛 여인이여

이 바보 같은 나를 남겨 두고
무정히 떠난 나의 옛 여인이여
당신이 날 버리고 떠난 날부터
얼마나 슬픈 세월이 흘러갔는지

이런 나를 두고 떠난 당신도
마음 편할 날이 없었겠지만
당신 잃은 내 자신이 너무 미워
얼룩져 가는 눈물의 밤이었다오.

그런데 늙어가면서 생각해 보니
서로가 서로를 위한 길이었기에
당신 떠나는 결심이 지당하기에
당신의 그 고뇌를 이해한다오.

당신 위한 남은 여생 평안하라고
마음을 활짝 열고 빌고 있지만
당신이 나를 버리지 않았더라면
어떻게 내 자신을 깨닫게 되겠소.

님 잃은 그 후부터

님 잃은 그 이후부터
밝은 별빛이 그리워
밤하늘 밤마다 쳐다봤었지

그런데 이게 웬일인지
그때 밝았던 저 별들이
이제는 희미하게 빛을 잃었지

구름 낀 하늘인가 눈 비비며
다시 쳐다봐도 청명한 하늘
반짝이던 별들도 눈을 감았지.

복이 터졌네

나의 시상을 표출하였는데
월간 문예지 한 장 넘기면
나의 컬러 사진이 나오면서
이달의 시인으로 조명됐으니
내 얼굴 환하게 주름 펴졌네

흥부전 속의 주인공처럼
박 속보다 더 좋은 보물덩어리
이름 있는 문학 서적 앞에
유명 시인으로 솟아났으니
내 생애에 최고의 복이 터졌네.

〈월간 문예사조 5월호 "이달의 시인"에 나오면서〉

마지막 고비

철렁철렁 굽이굽이
넘고 또 자빠지면서
이제야 찾아왔던 정상

들뜬 마음 안심되어
천하를 짚어 보는데
또 한 차례 불어온 바람

거친 역풍 맞아 봤기에
슬기로운 방파 옷으로
지금의 태풍도 막아 내었지.

= 시집 출간 앞에서 =

저자와의
협약으로
인지생략

정학산 시집

행복한 어느 노인

초판발행 2015 년 5월 30일

지은이 | 정학산
펴낸이 | 김효열
편 집 | 이미정
마케팅 | 김효숙 · 김영미 · 박미옥

펴낸곳 | **을지출판공사**

등록번호 · 제 2-741 호
등록일자 · 1985 년 2월 14 일
주 소 · 서울시 마포구 양화로6길 27-5(서교동) 301호
우편번호 · 121-840
전 화 · 02) 334-4050
팩 스 · 02) 334-4010
E-mail : ejp4050@hanmail.net

값 12,000원

* 잘못된 책은 바꿔 드립니다.

ISBN 978-89-7566-155-6 03810